School - škola 2
Törn - putovanje 5
Transport - transport 8
Stadt - grad 10
Landschop - krajolik 14
Spieslokal - restoran 17
Supermarkt - supermarket 20
Drünk - napitci 22
Eten - jelo 23
Buernhoff - seosko gazdinstvo 27
Huus - kuća 31
Wahnstuuv - dnevna soba 33
Köök - kuhinja 35
Baadstuuv - kupaonica 38
Kinnerstuuv - dječija soba 42
Tüüch - odjeća 44
Büro - ured 49
Weertschop - gospodarstvo 51
Profeschonen - zanimanja 53
Warktüüch - alati 56
Musikinstrumenten - glazbeni instrument 57
Deertenpark - zoološki vrt 59
Sport - šport 62
Aktivitäten - aktivnosti 63
Familje - obitelj 67
Lief - tijelo 68
Krankenhuus - bolnica 72
Nootfall - hitni slučaj 76
Eerd - zemlja 77
Klock - sat 79
Week - tjedan 80
Johr - godina 81
Formen - oblici 83
Farven - boje 84
Gegendelen - suprotnosti 85
Tallen - brojevi 88
Spraken - jezici 90
wokeen / wat / wo - tko / što / kako 91
wo - gdje 92

AF175804

Impressum
Verlag: BABADADA GmbH, Nedderfeld 112 , 22529 Hamburg
Geschäftsführer / Verlagsleitung: Harald Hof
Druck: Books on Demand GmbH, In de Tarpen 42, 22848 Norderstedt

Imprint
Publisher: BABADADA GmbH, Nedderfeld 112 , 22529 Hamburg, Germany
Managing Director / Publishing direction: Harald Hof
Print: Books on Demand GmbH, In de Tarpen 42, 22848 Norderstedt, Germany

School

škola

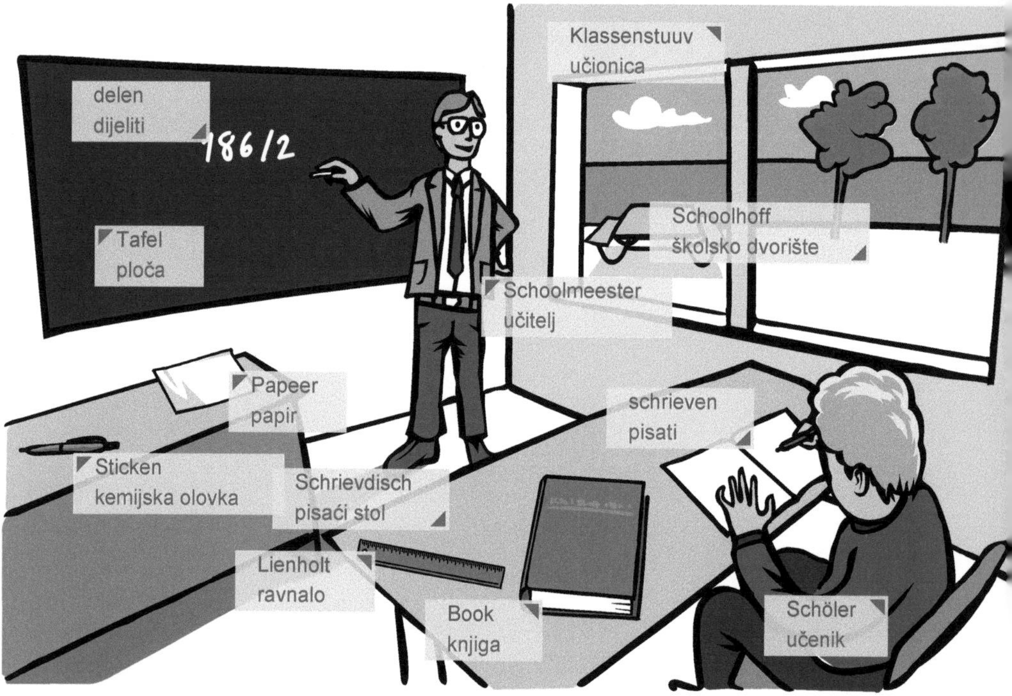

Klassenstuuv
učionica
delen
dijeliti
186/2
Tafel
ploča
Schoolhoff
školsko dvorište
Schoolmeester
učitelj
Papeer
papir
schrieven
pisati
Sticken
kemijska olovka
Schrievdisch
pisaći stol
Lienholt
ravnalo
Book
knjiga
Schöler
učenik

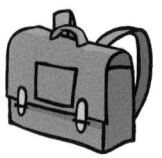

Ranzel

torba

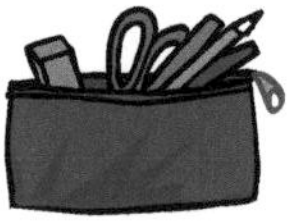

Feddermapp

pernica

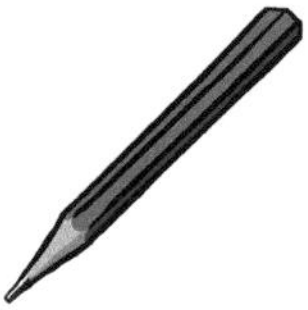

Bleesticken

grafitna olovka

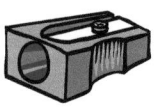

Scharpmaker

šiljilo za olovke

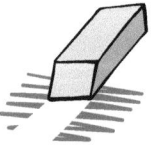

Radeergummi

gumica za brisanje

Tekenblock

blok za crtanje

Teken
crtež

Pinsel
kist

Malkassen
kutija s bojama

Scheer
makaze

Klever
ljepilo

Heft to'n Öven
bilježnica

Huusopgaav
domaći zadatak

12

Tall
broj

2+2

tohooptellen
sabirati

5-2

aftrecken
oduzimati

2×2

malnehmen
množiti

reken
računati

A

Bookstaav
slovo

ABCDEFG HIJKLMN OPQRSTU VWXYZ

ABC
abeceda

Woort
riječ

Text

tekst

lesen

čitati

Kried

kreda

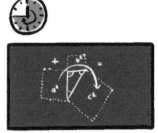

Stunn

sat

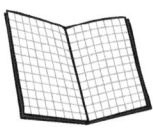

Klassenbook

dnevnik

Pröven

ispit

Tüügnis

svjedodžba

Schooluniform

školska uniforma

Utbillen

obrazovanje

Nakieksel

leksikon

Universität

sveučilište

Mikroskop

mikroskop

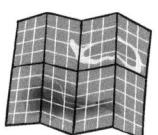

Koort

karta

Papeerkorf

košara za papir

Törn
putovanje

Hotel
hotel
Grand
Harbarg
prenoćište
ROOMS
Wesselstuuv
mjenjačnica
Kuffer
kofer
Auto
auto

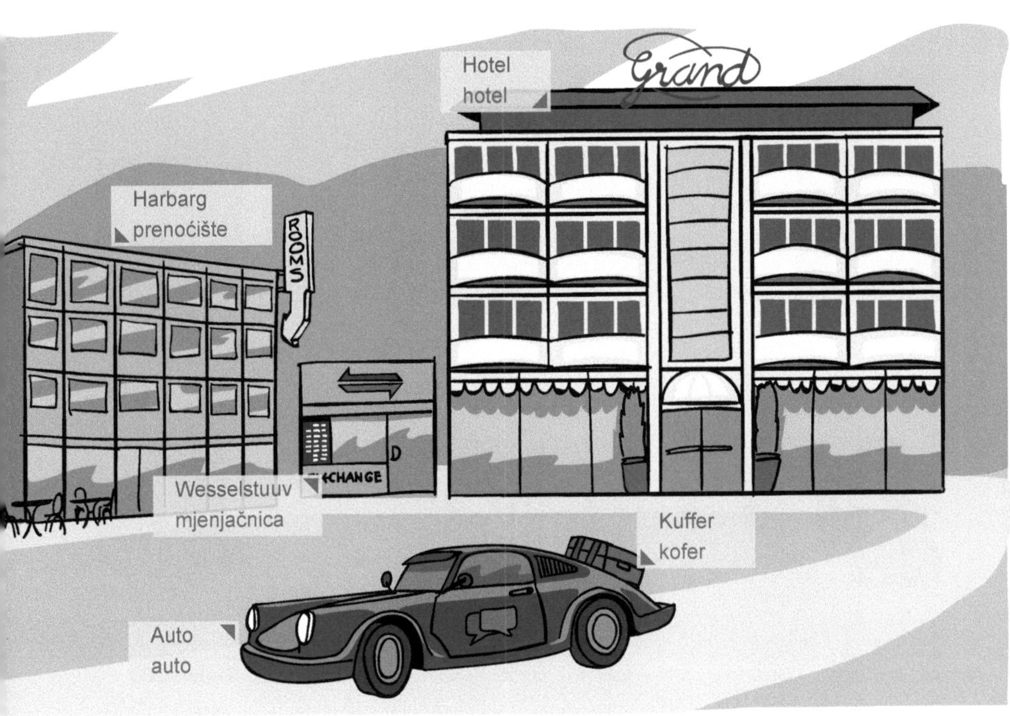

Spraak

jezik

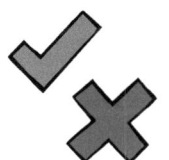

jo / ne

da / ne

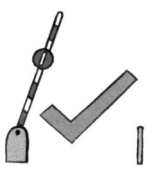

Jo

okay

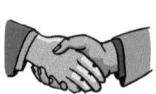

Moin

zdravo

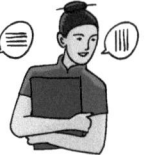

Översetter

prevoditelj

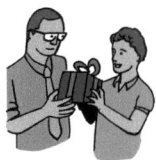

Dank ok

hvala

Wat kost…?

Koliko košta…?

Ik verstah nich

ne razumijem

Problem

problem

Goden Avend

dobro veče!

Moin!

Dobro jutro!

Gode Nacht!

Laku noć!

Tschüüs

doviđenja

Richt

smjer

Bagaasch

prtljaga

Tasch

torba

Rüchsack

ruksak

Gast

gost

Stuuv

soba

Slaapsack

vreća za spavanje

Telt

šator

ouristeninformatschoon

turističke informacije

Strand

plaža

Kreditkoort

kreditna kartica

Fröhstück

doručak

Meddageten

ručak

Avendeten

večera

Fohrkort

karta za vožnju

Fohrstohl

dizalo

Breefmark

poštanska markica

Grenz

granica

Toll

carina

Bottschop

ambasada

Visum

viza

Pass

putovnica

Transport
transport

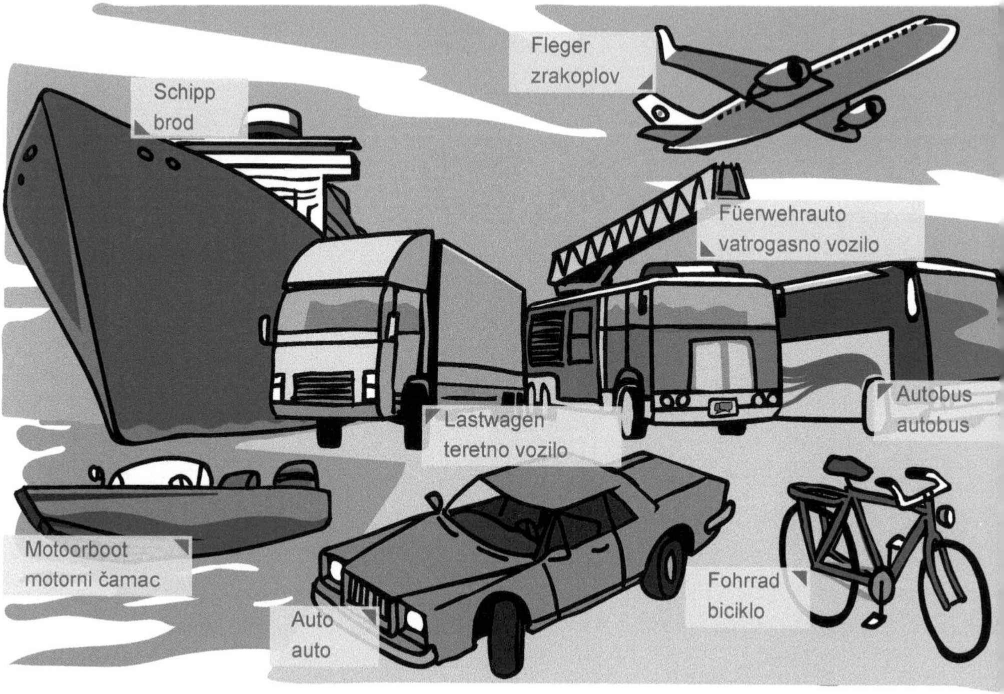
Fleger
zrakoplov
Schipp
brod
Füerwehrauto
vatrogasno vozilo
Autobus
autobus
Lastwagen
teretno vozilo
Motoorboot
motorni čamac
Fohrrad
biciklo
Auto
auto

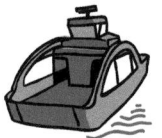

Fähr

trajekt

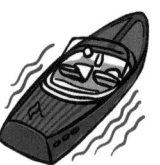

Boot

čamac

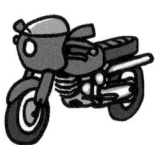

Motoorrad

motocikl

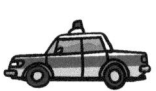

Polizeiauto

policijski auto

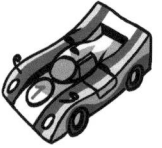

Rönnauto

trkaći auto

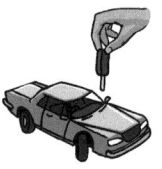

Lehnwagen

iznajmljeno auto

Carsharing

dijeljenje automobila

Afsleepwagen

vučno vozilo

Müllauto

vozilo za odvoz smeća

Motoor

motor

Kraftstoff

benzin

Tanksteed

benzinska postaja

Verkehrsschild

prometni znak

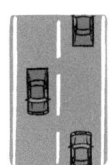

Verkehr

promet

Stau

zastoj

Afstellplatz

parkiralište

Bahnhoff

kolodvor

Sporen

šine

Tog

vlak

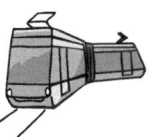

Stratenbahn

tramvaj

Wagon

vagon

Dwarsmöhl

helikopter

Flooghaven

zrakoplovna luka

Tower

toranj

Fohrgast

putnik

Grootkist

kontejner

Karton

karton

Koor

kolica

Korf

košara

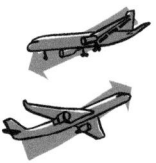

starten / lannen

uzletjeti / sletjeti

Stadt

grad

Dörp

selo

Binnenstadt

centar grada

Huus

kuća

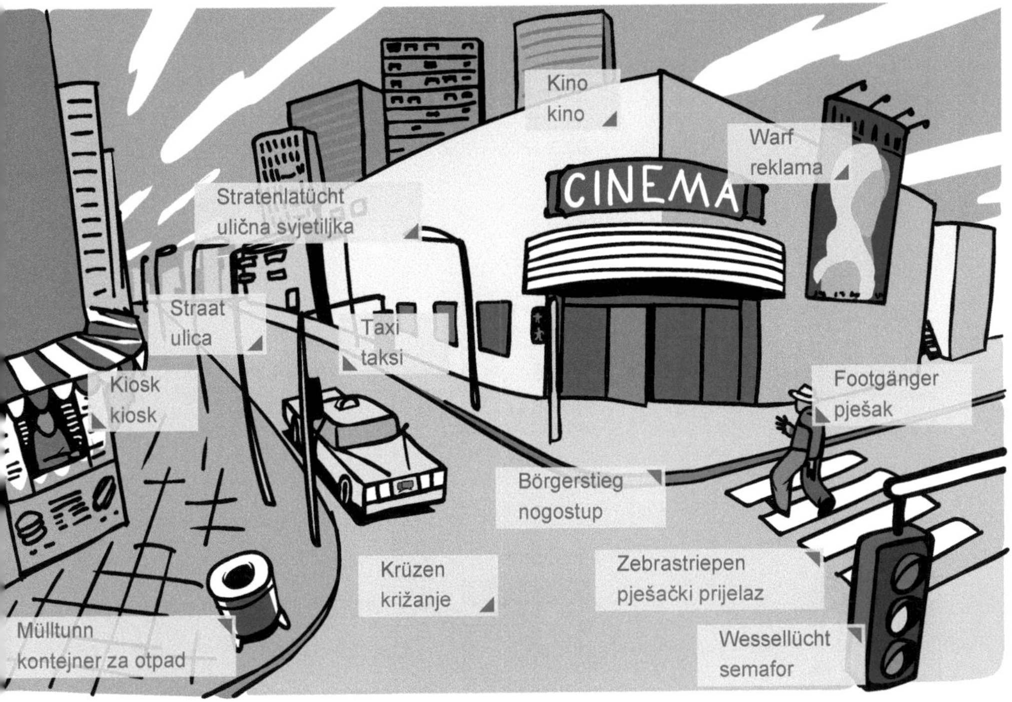

Top illustration

Kino / kino

Warf / reklama

Stratenlatücht / ulična svjetiljka

Straat / ulica

Taxi / taksi

Footgänger / pješak

Kiosk / kiosk

Börgerstieg / nogostup

Krüzen / križanje

Zebrastriepen / pješački prijelaz

Mülltunn / kontejner za otpad

Wessellücht / semafor

CINEMA

Hütt
....
koliba

Wahnung
....
stan

Bahnhoff
....
kolodvor

Raathuus
....
vijećnica

Museum
....
muzej

School
....
škola

Universität

sveučilište

Bank

banka

Krankenhuus

bolnica

Hotel

hotel

Afteek

ljekarna

Büro

ured

Bookhökerie

knjižara

Hökerie

prodavaonica

Blomenhökerie

cvjećara

Supermarkt

supermarket

Markt

trg

Koophuus

robna kuća

Fischhökerie

ribarnica

Inkoopszentrum

trgovački centar

Haven

luka

Stadt - grad

Parkanlaag

park

Bank

klupa

Brüch

most

Trepp

stepenice

Ünnergrundbahn

podzemna željeznica

Tunnel

tunel

Busstoppsteed

autobusna stanica

Bar

bar

Spieslokal

restoran

Breefkassen

poštansko sanduče

Stratenschild

ulični znak

Parkklock

parkirni sat

Deertenpark

zoološki vrt

Baadanstalt

bazen

Moschee

džamija

Buernhoff

seosko gazdinstvo

Ümweltversmudden

zagađenje okoliša

Karkhoff

groblje

Kark

crkva

Speelplatz

igralište

Tempel

hram

Landschop
krajolik

Blatt
list

Wiespahl
putokaz

Weg
put

Wisch
livada

Steen
kamen

Boom
drvo

Wannerer
šetač

Fluss
rijeka

Gras
trava

Bloom
cvijet

Daal
dolina

Barg
planina

See
jezero

Holt
šuma

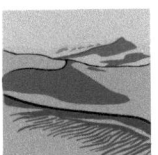

Wööst
pustinja

Füerspien Barg
vulkan

Slott
dvorac

Regenbagen
duga

Poggenstohl
gljiva

Palm
palma

Steekmück
moskito

Fleeg
muha

Miegeemk
mrav

Imm
pčela

Spinn
pauk

Sebber

buba

Pogg

žaba

Katteker

vjeverica

Swienegel

jež

Haas

zec

Uul

sova

Vagel

ptica

Swaan

labud

Wildswien

divlja svinja

Hirsch

jelen

Elk

los

Staudamm

nasip

Windrad

vjetrenjača

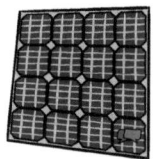

Solarmodul

solarna ploča

Klima

klima

Spieslokal
restoran

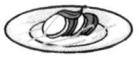

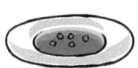

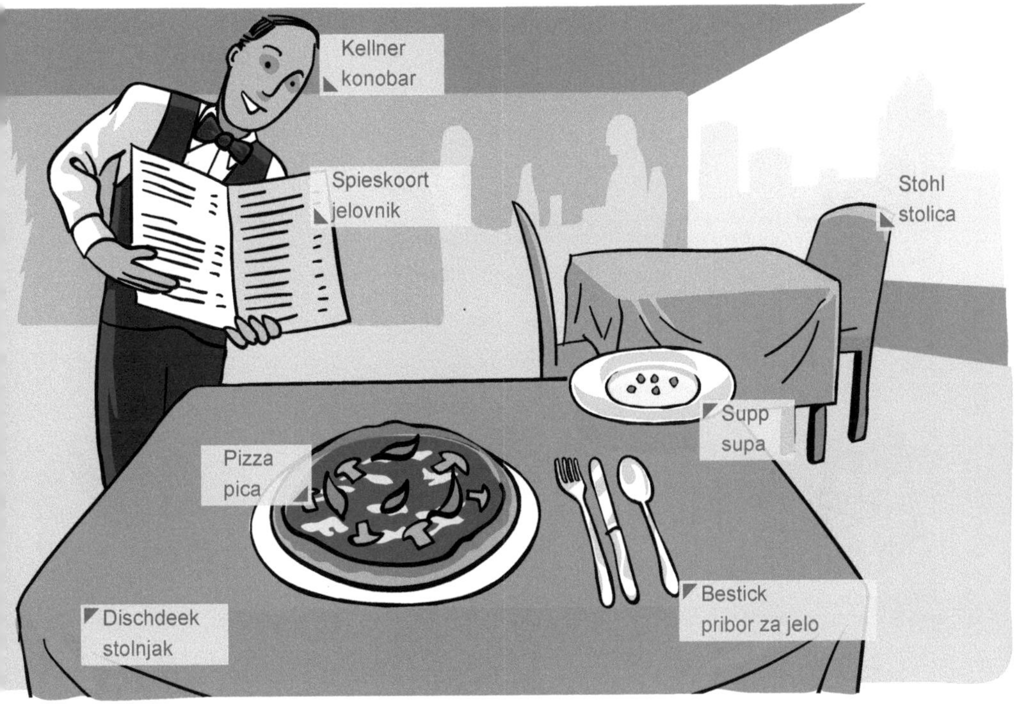
Kellner
konobar
Spieskoort
jelovnik
Stohl
stolica
Supp
supa
Pizza
pica
Bestick
pribor za jelo
Dischdeek
stolnjak

Vörspies

predjelo

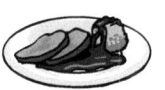

Haupteten

glavno jelo

Nadisch

desert

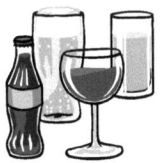

Drünk

napitci

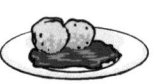

Eten

jelo

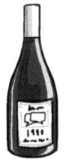

Buddel

boca

Fastfood

fastfood

Strateneten

imbis hrana

Teekann

čajnik

Zuckerdoos

doza za šećer

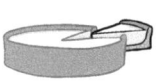

Portschoon

porcija

Espressomaschien

aparat za espresso

Hoochstohl

visoka stolica

Reken

račun

Tablett

pladanj

Mess

nož

Gavel

vilica

Lepel

žlica

Teelepel

čajna žlica

Munddook

ubrus

Glas

čaša

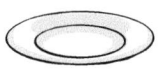

Töller

tanjur

Suppentöller

tanjur za supu

Ünnertass

tanjurić

Sooß

sos

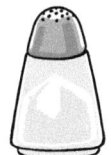

Soltstreuer

soljenka

Pepermöhl

mlin za biber

Etig

ocat

Ööl

ulje

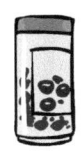 

Krüder

začini

Ketchup

kečap

Mostrich

senf

Mayonnaise

majoneza

Supermarkt
supermarket

Anbott
ponuda
FOR
Kunn
kupac
Melkprodukten
mliječni proizvodi
Aaft
voće
Inkoopswagen
kolica za kupnju

BUTCHERS

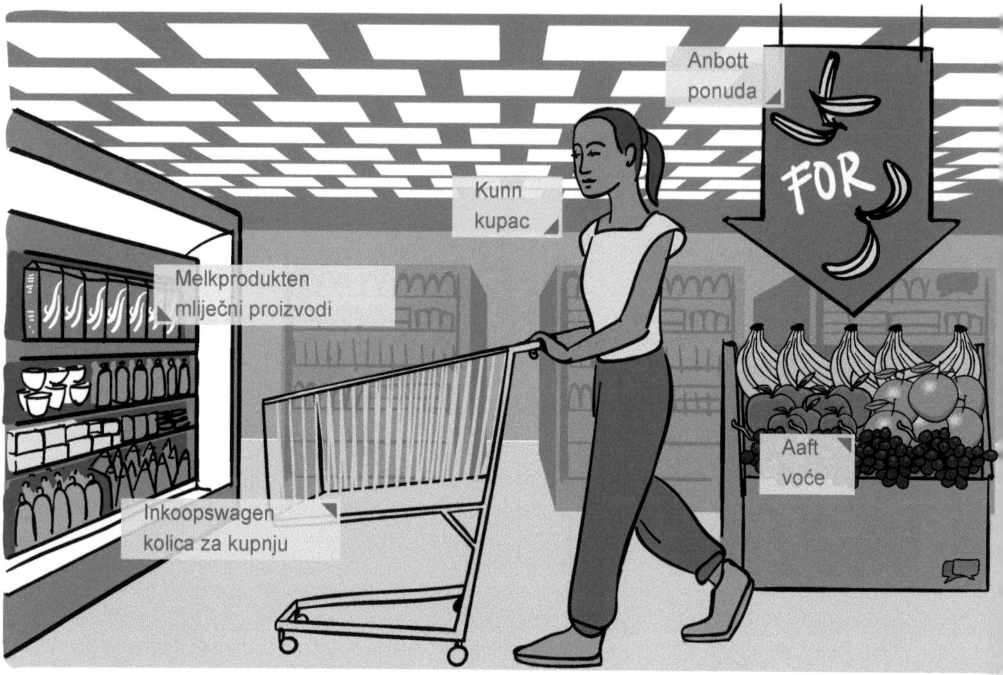

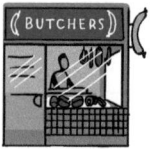

Slachterie
mesnica

BAKERY

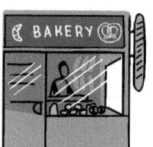

Bäckerie
pekarnica

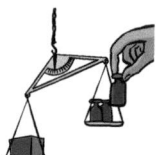

wegen
vagati

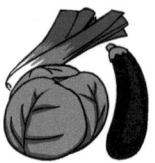

Gröönsaken
povrće

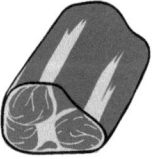

Fleesch
meso

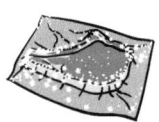

Deepköhlkost
duboko smrznuta hrana

Opsnitt

narezak

Konserven

konzerve

Waschmiddel

sredstvo za pranje

Snoopkraam

slatkiši

Huushooltssaken

artikli za domaćinstvo

Reinmaaktüüch

sredstva za čišćenje

Verköpersche

prodavačica

Kass

blagajna

Kasserer

blagajnik

Inkoopslist

lista za kupnju

Opsparrtieden

vrijeme rada

Breeftasch

novčanik

Kreditkoort

kreditna kartica

Tasch

torba

Plastiktüüt

plastična vrećica

Water

voda

Saft

sok

Melk

mlijeko

Cola

cola

Wien

vino

Beer

pivo

Spriet

alkohol

Kakao

kakao

Tee

čaj

Koffie

kava

Espresso

espresso

Cappucino

cappuccino

Banaan

banana

Appel

jabuka

Appelsien

naranča

Meloon

lubenica

Zitroon

limun

Wöttel

mrkva

Knuuvlook

češnjak

Bambus

bambus

Zibbel

luk

Poggenstohl

gljiva

Nööt

orašasti plodovi

Nudeln

rezanci

Spaghetti

špagete

Ries

riža

Salat

salata

Pommes frites

pomfrit

Braadkantüffeln

pečeni krumpir

Pizza

pica

Hamborger

hamburger

Sandwich

sendvič

Snitzel

šnicla

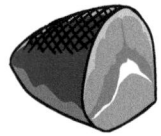

Schinken

pršut

Salami

salama

Wust

kobasica

Hohn

kokoš

Braden

pečenje

Fisch

riba

Eten - jelo

Haverflocken

zobene pahuljice

Müsli

musli

Cornflakes

kukuruzne pahuljice

Mehl

brašno

Croissant

roščić

Rundstück

pecivo

Broot

kruh

Toast

toast

Keksen

keksi

Botter

maslac

Quark

svježi sir

Koken

kolač

Ei

jaje

Spegelei

jaje na oko

Kees

sir

Ies
sladoled

Zucker
šećer

Honnig
med

Marmelaad
marmelada

Nougat-Creme
nugat krema

Curry
curry

Buernhoff
seosko gazdinstvo

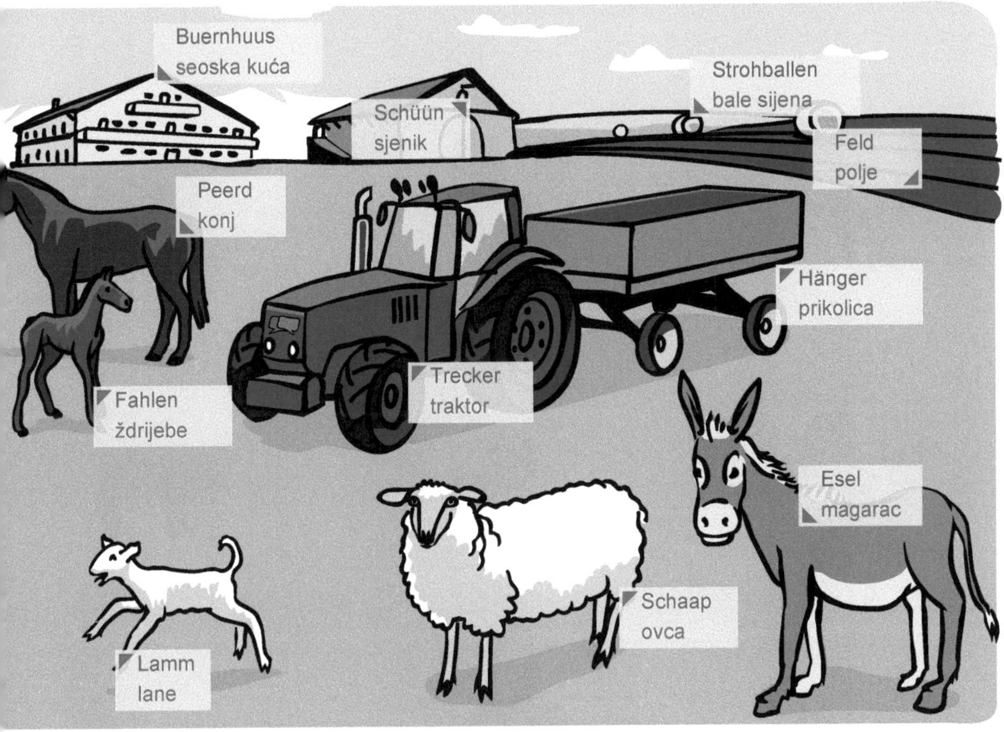
Buernhuus
seoska kuća
Schüün
sjenik
Strohballen
bale sijena
Feld
polje
Peerd
konj
Hänger
prikolica
Trecker
traktor
Fahlen
ždrijebe
Esel
magarac
Schaap
ovca
Lamm
lane

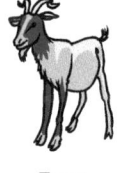

Zeeg
koza

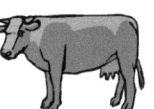

Koh
krava

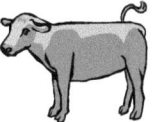

Kalf
tele

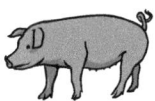

Swien
svinja

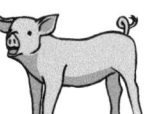

Farken
prase

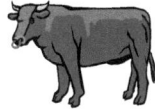

Bull
bik

Goos

guska

Aant

patka

Küken

pilići

Hohn

kokoš

Hahn

pijetao

Rott

pacov

Katt

mačka

Muus

miš

Oss

vol

Hund

pas

Hunnenhütt

kućica za psa

Goornslauch

vrtno crijevo

Geetkann

kanta za polijevanje

Lee

kosa

Ploog

plug

Sich

srp

Hack

motika

Mestfork

vilica za gnojivo

Ext

sjekira

Schuufkoor

tačke

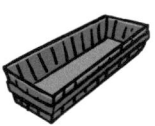

Trog

korito

Melkkann

posuda za mlijeko

Sack

vreća

Tuun

ograda

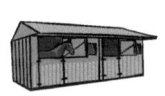

Stall

štala

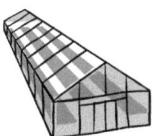

Drievhuus

staklenik

Bodden

zemlja

Saat

sjeme

Dünger

gnojivo

Meihdöscher

kombajn

oornen
....
žanjati

Oorn
....
žetva

Yamswöttel
....
yams začin

Weten
....
pšenica

Soja
....
soja

Kantüffel
....
krumpir

Törksche Weten
....
kukuruz

Rapp
....
uljana repica

Aaftboom
....
voćka

Troopsch Kantüffel
....
gomolj manioke

Koorn
....
žitarice

Buernhoff - seosko gazdinstvo

Huus
kuća

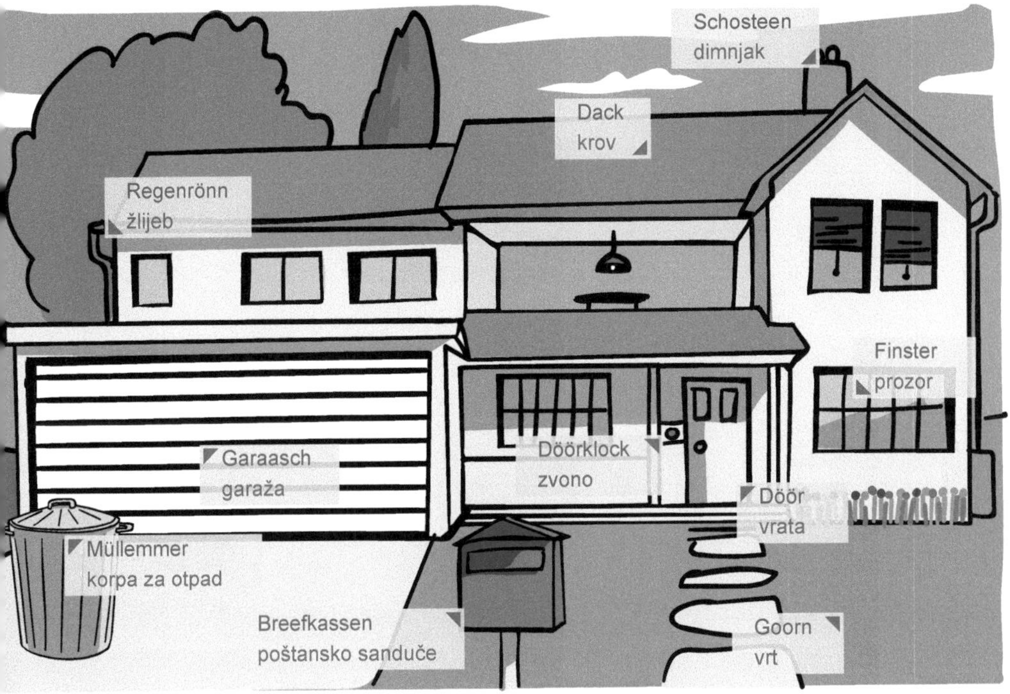

Schosteen
dimnjak
Dack
krov
Regenrönn
žlijeb
Finster
prozor
Garaasch
garaža
Döörklock
zvono
Döör
vrata
Müllemmer
korpa za otpad
Breefkassen
poštansko sanduče
Goorn
vrt

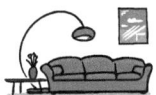

Wahnstuuv

dnevna soba

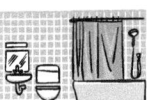

Baadstuuv

kupaonica

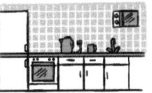

Köök

kuhinja

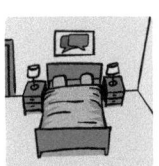

Slaapstuuv

spavaća soba

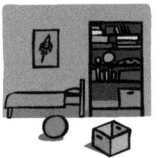

Kinnerstuuv

dječija soba

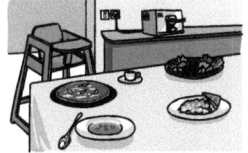

Eetstuuv

trpezarija

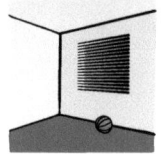

Footbodden

pod

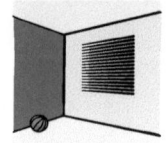

Wand

zid

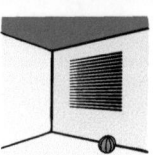

Deek

strop

Keller

podrum

Hittluftbad

sauna

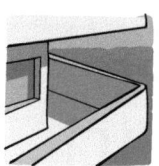

Balkon

balkon

Terrass

terasa

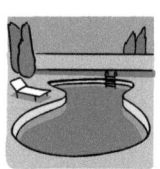

Swümmbad

bazen

Rasenmeiher

kosilica za travu

Bettbetog

posteljina za krevet

Bettdeek

deka za krevet

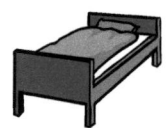

Puuch

krevet

Bessen

metla

Emmer

kanta

Schalter

sklopka

Wahnstuuv

dnevna soba

Tapeet
tapeta
Bild
slika
Lamp
svjetiljka
Regal
regal
Schapp
ormar
Kiekkassen
televizija
Kamin
kamin
Bloom
cvijet
Küssen
jastuk
Sofa
kauč
Vaas
vaza
Feernbedenen
daljinski upravljač

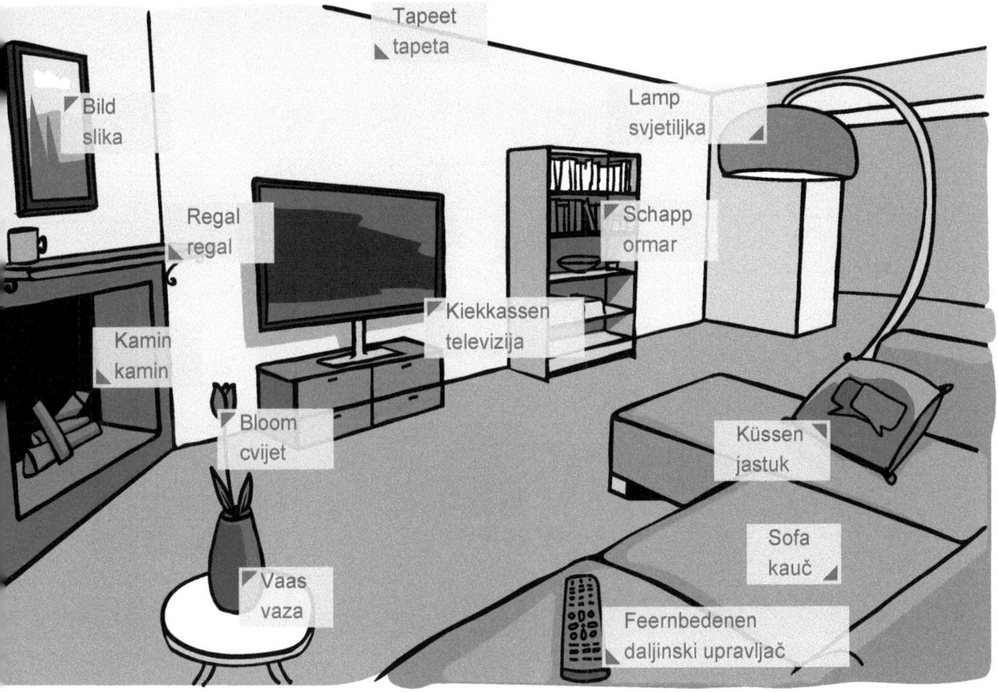

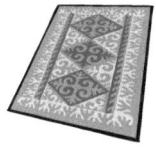

Teppich

tepih

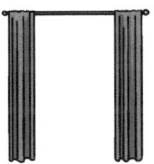

Vörhang

zavjesa

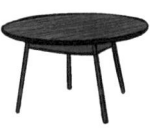

Disch

stol

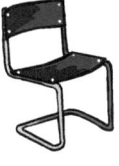

Stohl

stolica

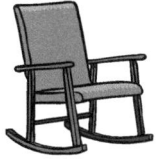

Schuckelstohl

stolica za njihanje

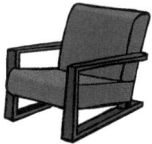

Sessel

fotelja

Book

knjiga

Deek

deka

Dekoratschoon

dekoracija

Füerholt

drvo za ogrjev

Film

film

Stereoanlaag

stereo uređaj

Slötel

ključ

Narichtenblatt

novine

Gemälde

slika na platnu

Poster

poster

Radio

radio

Opschrievblock

blok za pisanje

Huulbessen

usisavač

Kaktus

kaktus

Kars

svijeća

Köök
kuhinja

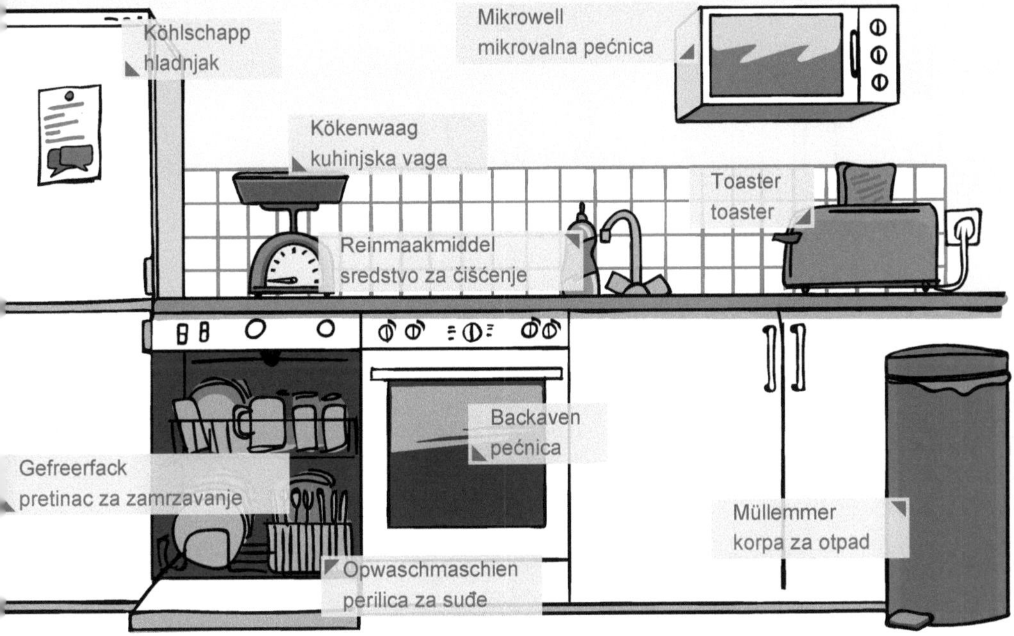
Köhlschapp
hladnjak
Mikrowell
mikrovalna pećnica
Kökenwaag
kuhinjska vaga
Toaster
toaster
Reinmaakmiddel
sredstvo za čišćenje
Backaven
pećnica
Gefreerfack
pretinac za zamrzavanje
Müllemmer
korpa za otpad
Opwaschmaschien
perilica za suđe

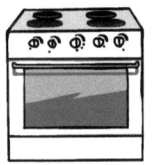

Heerd
....
štednjak

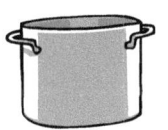

Pott
....
lonac

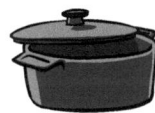

Gussiesern Putt
....
željezni lonac

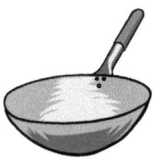

Wok / Kadai
....
wok / kadai

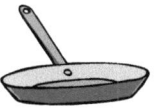

Pann
....
tava

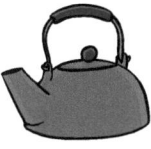

Waterkaker
....
kuhalo za vodu

Dampkaakputt

kuhalo na paru

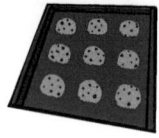

Backblick

lim za pečenje

Geschirr

posuđe

Beker

čaša

Schaal

zdjela

Eetsticken

štapići za jelo

Suppenkell

kutljača

Pannenwenner

lopatica

Sneebessen

pjenjača

Kaakseef

sito za kuhanje

Seef

sito

Riev

ribež

Mörser

mužar

Grill

roštilj

Füerstell

ognjište

Köök - kuhinja

Sniedbrett

daska

Nudelholt

oklagija

Proppentrecker

vadičep

Doos

konzerva

Dosenaapner

otvarač konzervi

Pottlappen

krpa za lonac

Waschbecken

sudoper

Böst

četka

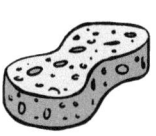

Swamm

spužva

Mixer

mikser

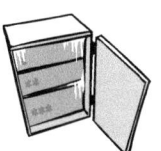

lesschapp

zamrzivač

Nuckelbuddel

bočica za bebe

Waterhahn

slavina za vodu

Baadstuuv
kupaonica

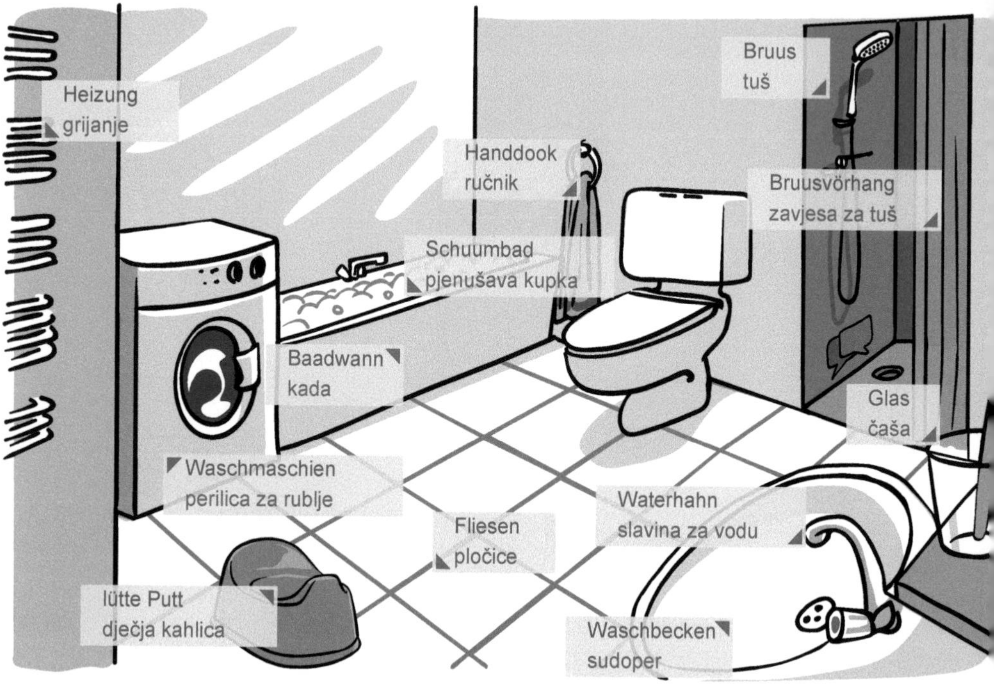
Heizung
grijanje
Handdook
ručnik
Bruus
tuš
Bruusvörhang
zavjesa za tuš
Schuumbad
pjenušava kupka
Baadwann
kada
Glas
čaša
Waschmaschien
perilica za rublje
Waterhahn
slavina za vodu
Fliesen
pločice
lütte Putt
dječja kahlica
Waschbecken
sudoper

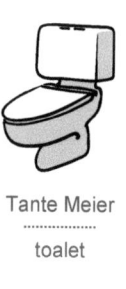

Tante Meier
toalet

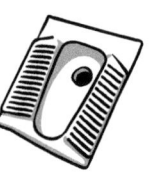

Hockklo
čučavac

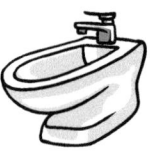

Bidet
bidet

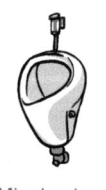

Miegbecken
pisoar

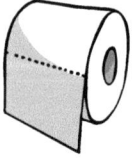

Klopapeer
papir za toalet

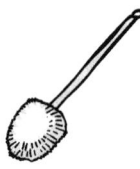

Kloböst
četka za toalet

Tähnböst

četkica za zube

Tähnpast

pasta za zube

Tähnsied

konac za zube

waschen

prati

Handbruus

tuš ručica

Intimbruus

tuš za pranje intimnih dijelova

Waschschöttel

lavor

Rüchböst

četka za pranje leđa

Seep

sapun

Bruusgeel

gel za tuširanje

Hoorwaschmiddel

šampon

Waschlappen

krpa za pranje

Afloop

odvod

Creme

krema

Deodorant

dezodorans

Spegel

ogledalo

Kosmetikspegel

kozmetičko ogledalo

Raserer

brijač

Raseerschuum

pjena za brijanje

Raseerwater

losion za poslije brijanja

Kamm

češalj

Böst

četka

Hoordröger

sušilo za kosu

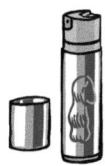

Hoorspray

sprej za kosu

Smink

makeup

Lippensticken

ruž za usne

Nagellack

lak za nokte

Watt

vata

Nagelscheer

škare za nokte

Rüükwater

parfem

Kulturbüdel
neseser

Schemel
stolica

Waag
vaga

Baadmantel
ogrtač

Gummihanschen
rukavice za čišćenje

Tampon
tampon

Damenbinn
uložak

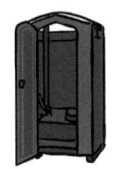

Chemieklo
kemijski toalet

Kinnerstuuv

dječija soba

Wecker
budilnik
Knudeldeert
plišana igračka
Speeltüüchauto
auto igračka
Klöter
zvečka
Poppenhuus
kućica za lutke
Geschenk
poklon

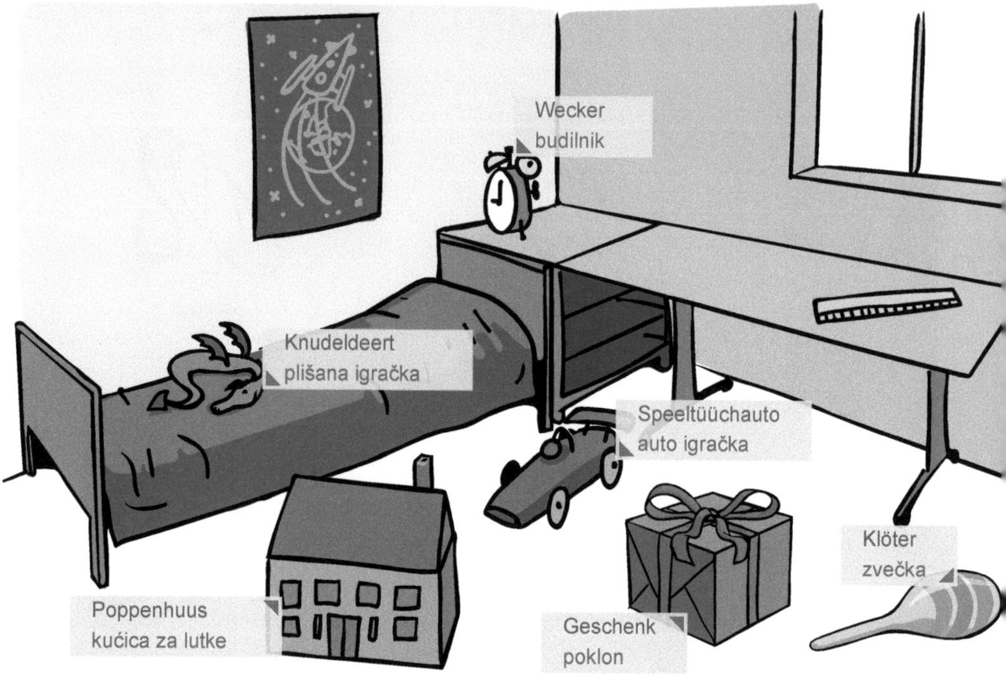

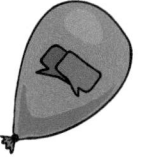

Luftballon

balon

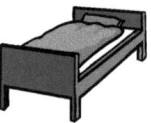

Puuch

krevet

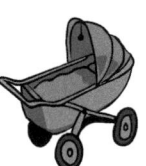

Kinnerwagen

dječija kolica

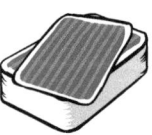

Koortenspeel

igra s kartama

Puzzle

slagalica

SUPER
MEGA

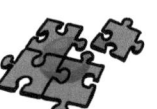

Billergeschicht

strip

Legostenen

lego kockice

Bustenen

kockice za slaganje

Action-Figur

akcioni junak

Strampelantog

kombinezon za bebe

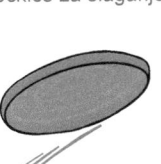

Frisbeeschiev

frizbi

Mobile

viseće igračke

Brettspeel

društvene igre

Wörpel

kocka

Modelliesenbahn

minijaturna željeznica

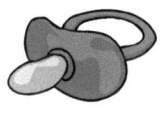

Snuller

duda

Party

tulum

Billerbook

slikovnica

Ball

lopta

Popp

lutka

spelen

igrati

Sandkassen

pješčanik

Schuckel

ljuljačka

Speeltüüch

igračka

Speelkonsool

konzola za igre

Dreerad

tricikl

Teddyboor

plišani medo

Klederschapp

ormar

Tüüch
odjeća

Socken

kratke čarape

Strümp

čarape

Strumpbüx

hulahopke

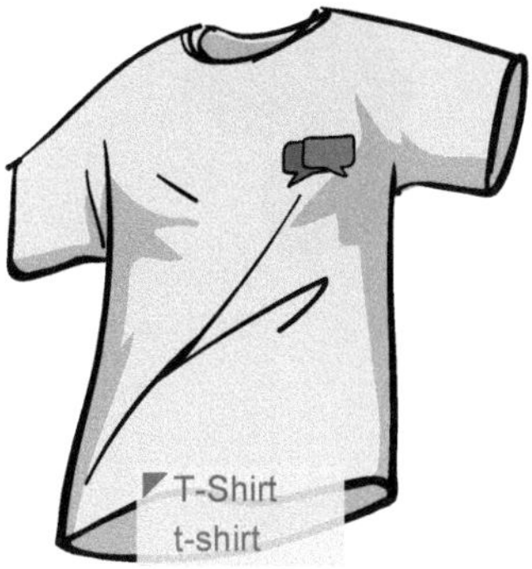

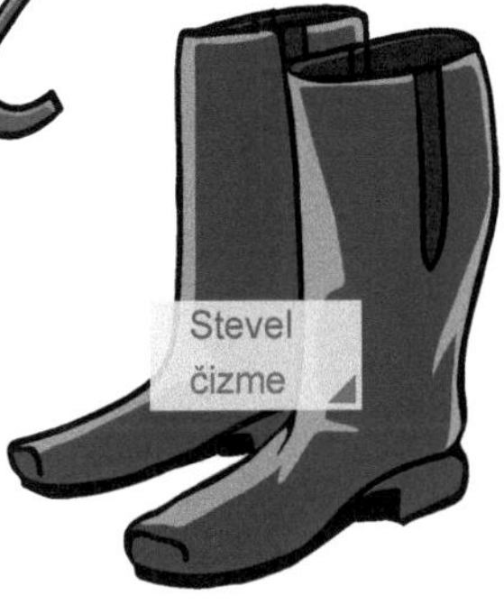

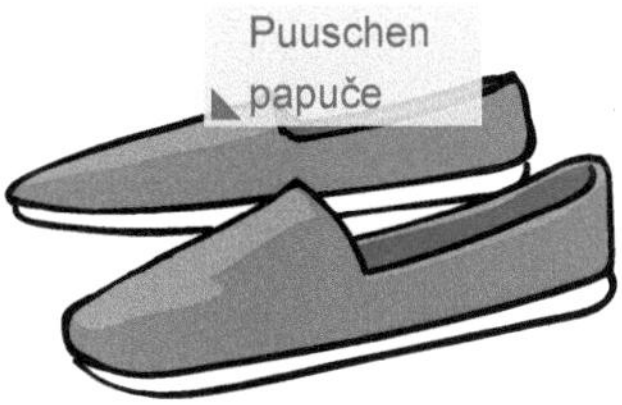

Halsdook
šal

Liefreem
kaiš

Paraplü
kišobran

T-Shirt
t-shirt

Stevel
čizme

Puuschen
papuče

Turnschoh
patike

Sandalen
sandale

Schoh
cipele

Gummistevel
gumene čizme

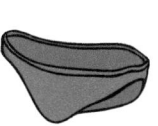

Ünnerbüx
gaćice

Bostholler
grudnjak

Ünnerhemd
potkošulja

Tüüch - odjeća

Lief

bodi

Büx

hlače

Jeansnüx

džins

Rock

haljina

Bluus

bluza

Hemd

košulja

Pullover

džemper

Kapuzenpullover

pulover s kapuljačom

Blazer

blejzer

Jack

jakna

Mantel

kaput

Övertrecker

kabanica

Kostüm

kostim

Kleed

haljina

Hochtietskleed

vjenčanica

Antog

odijelo

Nachtkleed

spavaćica

Slaapantog

pidžama

Sari

sari

Koppdook

rubac

Turban

turban

Burka

burka

Kaftan

kaftan

Abaya

abaja

Baadantog

kupaći kostim

Baadbüx

kupaće gaćice

Korte Büx

kratke hlače

Antog to'n Öven

odjeća za trening

Schört

pregača

Handschoh

rukavice

Knopp

gumb

Brill

naočale

Armband

narukvica

Halskeed

ogrlica

Ring

prsten

Ohrbummel

naušnica

Mütz

kapa

Klederbögel

vješalica

Hoot

šešir

Binner

kravata

Rietslüter

patent zatvarač

Helm

kaciga

Drachtband

naramenice

Schooluniform

školska uniforma

Uniform

uniforma

Severböten
....
podbradak

Snuller
....
duda

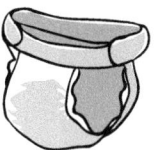

Winnel
....
pelena

Büro
ured

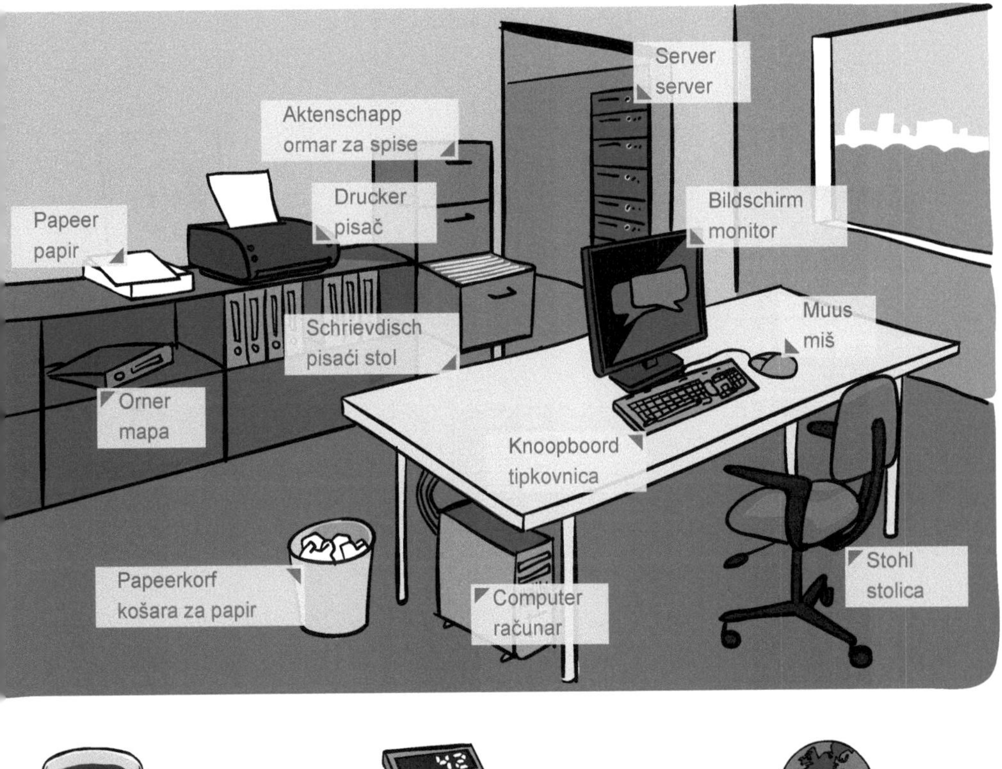

Server
server

Aktenschapp
ormar za spise

Drucker
pisač

Bildschirm
monitor

Papeer
papir

Muus
miš

Schrievdisch
pisaći stol

Orner
mapa

Knoopboord
tipkovnica

Papeerkorf
košara za papir

Stohl
stolica

Computer
računar

Koffiebeker
....
šalica za kavu

Taschenreekner
....
kalkulator

Internet
....
internet

Klappreekner

laptop

Breef

pismo

Naricht

poruka

Ackersnacker

mobilni telefon

Nettwark

mreža

Kopeerapparat

uređaj za kopiranje

Software

softver

Klöönkassen

telefon

Steekdoos

utičnica

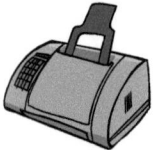

Faxapparat

faks

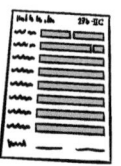

Formulor

obrazac

Dokument

dokument

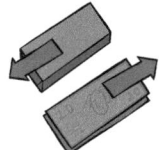

köpen

kupovati

betahlen

platiti

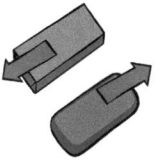

hanneln

trgovati

Geld

novac

 **USD**

Dollar

dolar

 **EUR**

Euro

euro

 **JPY**

Yen

jen

 **RUB**

Ruvel

rubalj

 **CHF**

Swiezer Franken

švicarski franak

 **CNY**

Renminbi Yuan

renmindbi yuan

 **INR**

Rupie

rupija

Geldautomat

automat za novac

Wesselstuuv

mjenjačnica

Gold

zlato

Sülver

srebro

Ööl

nafta

Energie

energija

Pries

cijena

Verdrag

ugovor

Stüer

porez

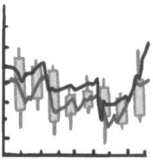

Andeelschien

dionica

arbeiden

raditi

Anstellte

službenik

Arbeitgever

poslodavac

Fabrik

tvornica

Hökerie

prodavaonica

Profeschonen

zanimanja

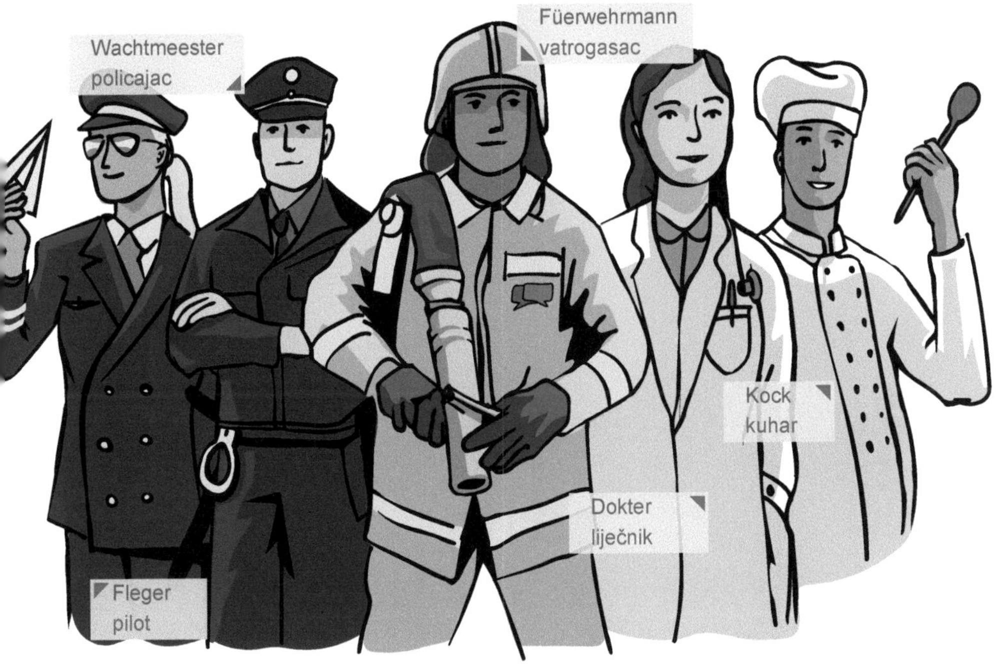

Wachtmeester
policajac
Füerwehrmann
vatrogasac
Kock
kuhar
Dokter
liječnik
Fleger
pilot

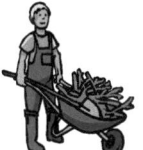

Goorner

vrtlar

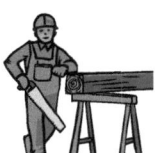

Discher

stolar

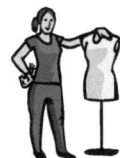

Neihersche

krojačica

Richter

sudija

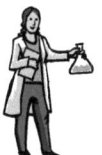

Chemiker

kemičar

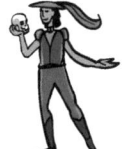

Schauspeler

glumac

Busfohrer

vozač autobusa

Taxifohrer

vozač taksija

Fischer

ribar

Reinmaakfru

čistačica

Dackdecker

krovopokrivač

Kellner

konobar

Jäger

lovac

Maler

slikar

Bäcker

pekar

Elektriker

električar

Buarbeider

građevinski radnik

Ingenieur

inženjer

Slachter

mesar

Klempner

limar

Postbüdel

poštar

Suldat
....
vojnik

Architekt
....
arhitekta

Kasserer
....
blagajnik

Florist
....
cvjećar

Putzbüdel
....
frizer

Schaffner
....
kondukter

Mechaniker
....
mehaničar

Kaptein
....
kapetan

Tähndokter
....
zubar

Wetenschopler
....
znanstvenik

Rabbi
....
rabi

Imam
....
imam

Mönk
....
monah

Paap
....
svećenik

Warktüüch
alati

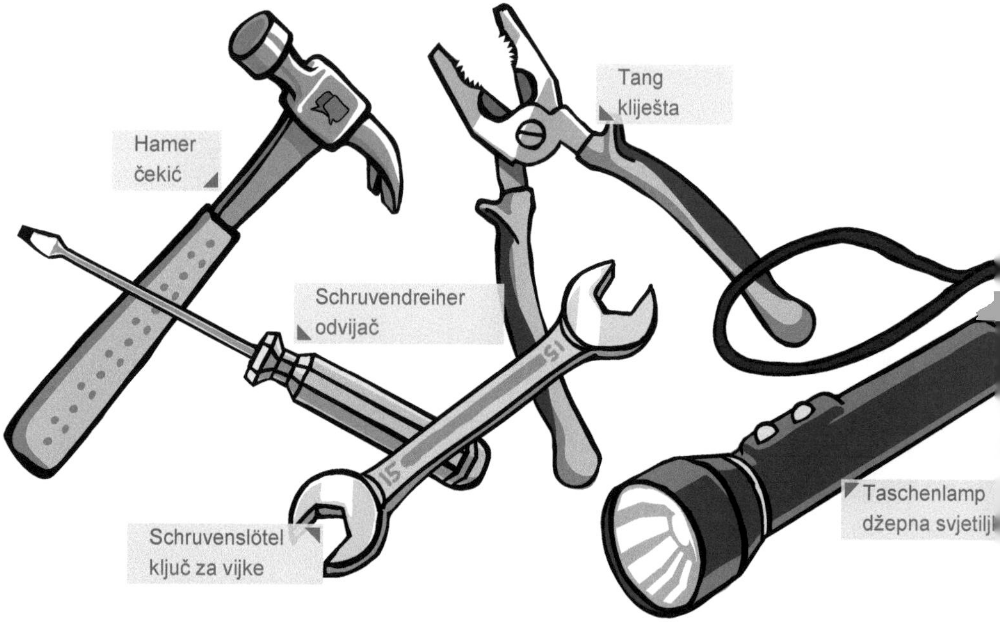

Hamer
čekić
Tang
kliješta
Schruvendreiher
odvijač
Schruvenslötel
ključ za vijke
Taschenlamp
džepna svjetilj

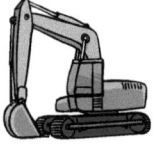

Grieper
rovokopač

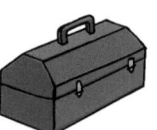

Warktüüchkassen
kutija za alat

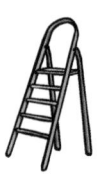

Ledder
ljestve

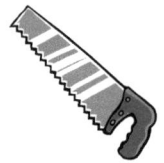

Saag
pila

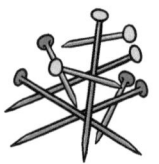

Nagels
ekser

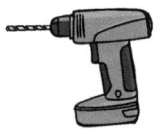

Bohrer
bušilica

heelmaken
popraviti

Schüffel
lopata

Schiet!
Sranje!

Kehrblick
lopatica

Farvpott
lonac za boju

Schruven
vijci

Musikinstrumenten
glazbeni instrument

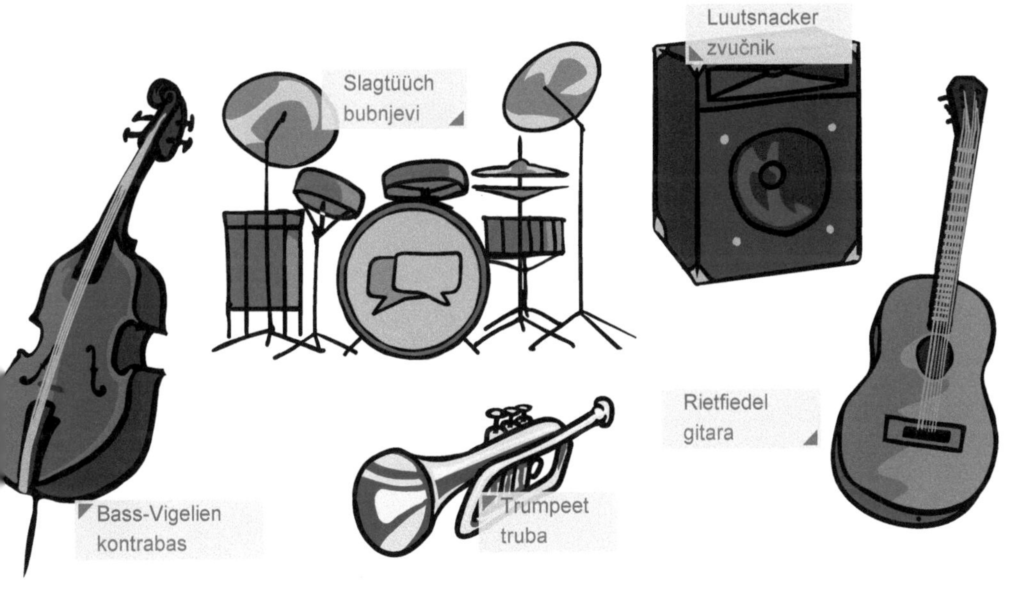

Slagtüüch
bubnjevi

Luutsnacker
zvučnik

Bass-Vigelien
kontrabas

Trumpeet
truba

Rietfiedel
gitara

Klaveer

klavir

Vigelien

violina

Bass

bas

Pauk

timpani

Trummeln

udaraljke za bubnjeve

Keyboard

keyboard

Saxophon

saksofon

Fleut

flauta

Mikrofoon

mikrofon

Deertenpark
zoološki vrt

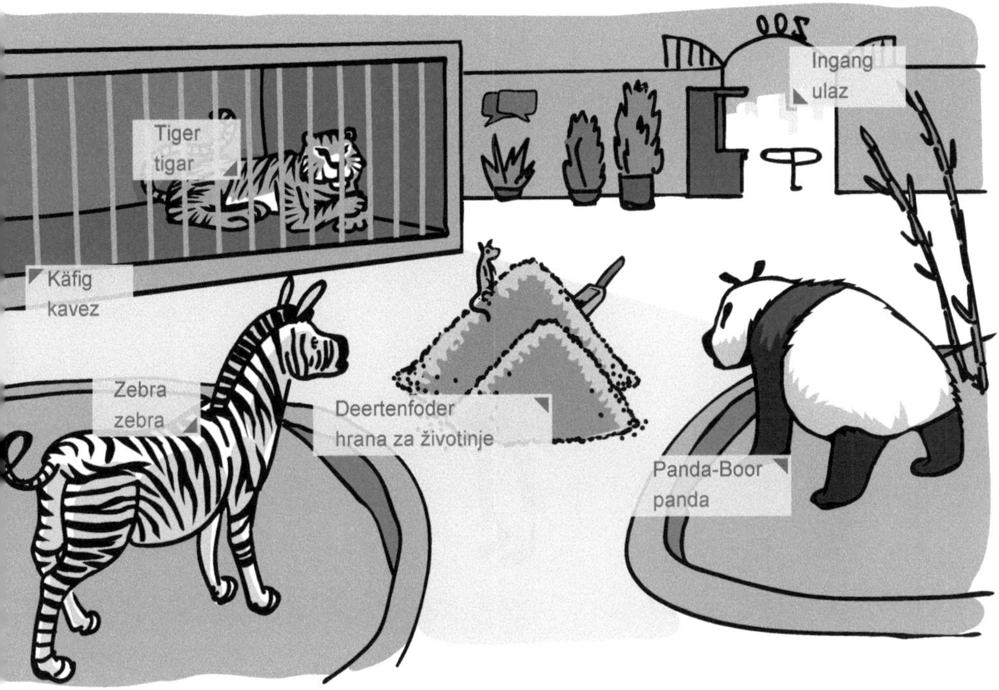
zoo
Ingang
ulaz
Tiger
tigar
Käfig
kavez
Zebra
zebra
Deertenfoder
hrana za životinje
Panda-Boor
panda

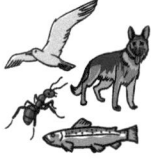

Deerten
životinje

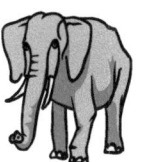

Elefant
slon

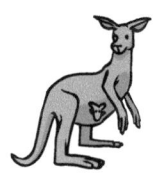

Känguru
kengur

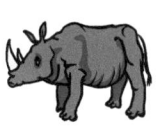

Neeshoorn
nosorog

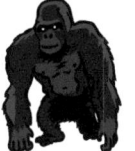

Gorilla
gorila

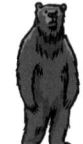

Boor
medvjed

Kameel

kamila

Struuß

noj

Lööv

lav

Aap

majmun

Flamingo

flamingo

Papagoi

papagaj

Iesboor

polarni medvjed

Pinguin

pingvin

Haifisch

ajkula

Pageluun

paun

Slang

zmija

Krokodil

krokodil

Oppasser in'n Deertenpark

čuvar u zoološkom vrtu

Saalhund

tuljan

Jaguor

jaguar

Pony

poni

Leopard

leopard

Nilpeerd

nilski konj

Giraff

žirafa

Aadler

orao

Wildswien

divlja svinja

Fisch

riba

Schildkrööt

kornjača

Walross

morž

Voss

lisica

Gazell

gazela

Amerikaansch Football
američki nogomet

Radfohren
biciklizam

Tennis
tenis

Korfball
košarka

Swümmen
plivanje

Boxen
boks

Ieshockey
hockey na ledu

Football
nogomet

Fedderball
badminton

Leichtathletik
atletika

Handball
rukomet

Skilopen
skijanje

Polo
polo

lachen
smijati se

springen
skočiti

ümarmen
zagrliti

gahn
ići

singen
pjevati

drömen
sanjati

beden
moliti se

snuteln
poljubiti

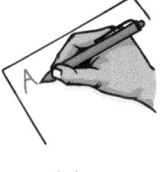

schrieven
pisati

teken
crtati

wiesen
pokazati

drücken
gurati

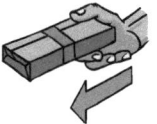

geven
dati

nehmen
uzeti

hebben

imati

doon

činiti

sien

biti

stahn

stojati

lopen

trčati

trecken

povlačiti

smieten

baciti

fallen

padati

liggen

ležati

töven

čekati

dregen

nositi

sitten

sjediti

antrecken

oblačiti

slapen

spavati

opwaken

probuditi se

ankieken

gledati

wenen

plakati

eien

milovati

kämmen

češljati

snacken

govoriti

verstahn

razumjeti

fragen

pitati

hören

slušati

drinken

piti

eten

jesti

oprümen

pospremiti

leefhebben

voljeti

kaken

kuhati

fohren

voziti

flegen

letjeti

segeln

ploviti

reken

računati

lesen

čitati

lehren

učiti

arbeiden

raditi

de Plünnen tohoopsmieten

vjenčati se

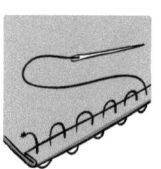

neihen

šiti

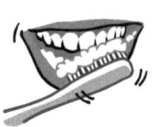

Tähnen putzen

prati zube

dootmaken

ubiti

smöken

pušiti

schicken

poslati

Familje
obitelj

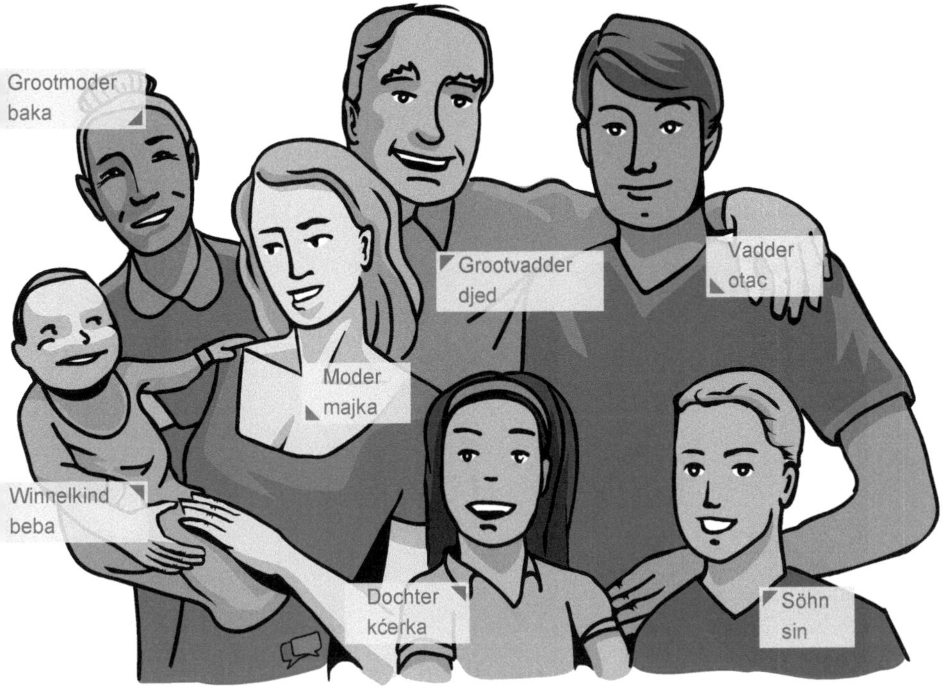
Grootmoder
baka
Grootvadder
djed
Vadder
otac
Moder
majka
Winnelkind
beba
Dochter
kćerka
Söhn
sin

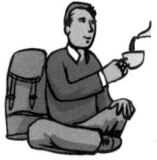

Gast

gost

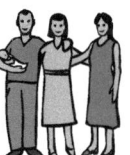

Tant

tetka

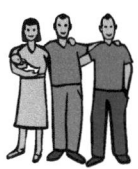

Unkel

ujak, stric

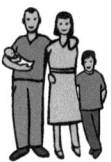

Broder

brat

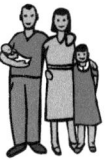

Süster

sestra

Lief

tijelo

Vörkopp
čelo
Oog
oko
Schuller
rame
Finger
prst
Gesicht
lice
Kinn
brada
Hand
ruka
Bost
grudi
Been
noga
Arm
ruka

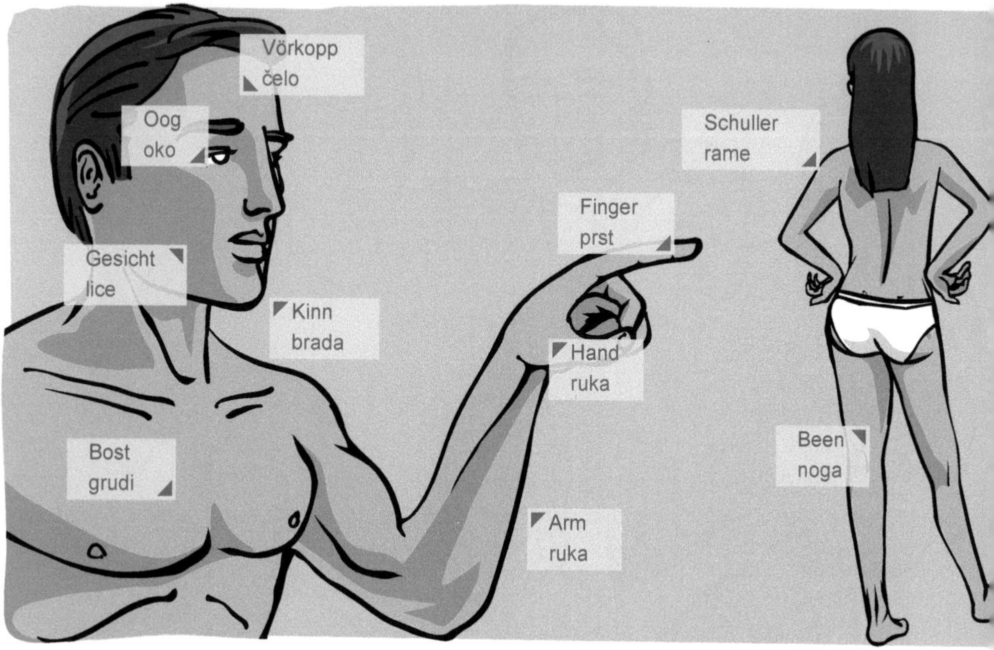

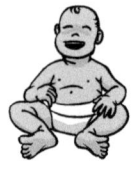

Winnelkind

beba

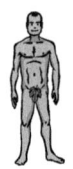

Mann

muškarac

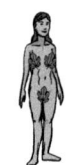

Fro

žena

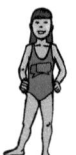

Deern

djevojčica

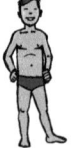

Jung

dječak

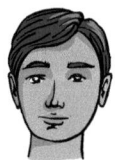

Arm

glava

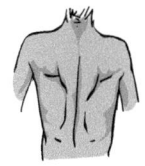

Rüch

leđa

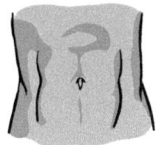

Buuk

trbuh

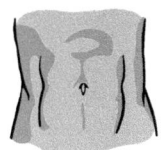

Navel

pupak

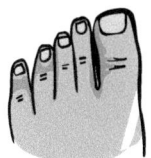

Teh

nožni prst

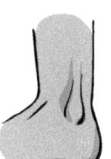

Hack

peta

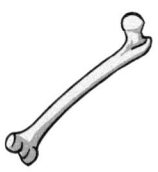

Knaken

kost

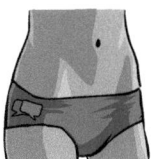

Hüft

kuk

Knee

koljeno

Ellbagen

lakat

Nees

nos

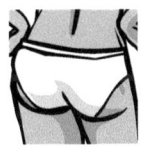

Achtersen

stražnjica

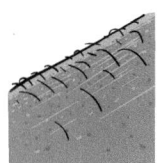

Huut

koža

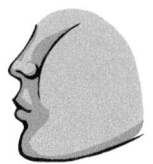

Back

obraz

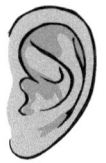

Ohr

uho

Lipp

usna

Mund

usta

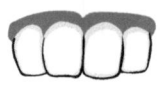

Tähn

zub

Tung

jezik

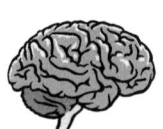

Bregen

mozak

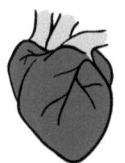

Hart

srce

Muskel

mišić

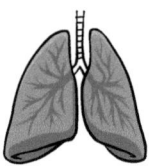

Lung

pluća

Lever

jetra

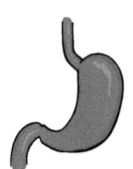

Maag

želudac

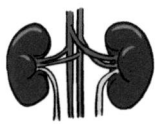

Neren

bubrezi

Bislaap

snošaj

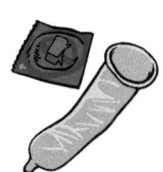

Kondoom

kondom

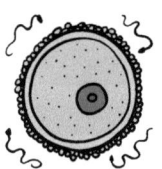

Eizell

jajna stanica

Sperma

sperma

Anner Ümstänn

trudnoća

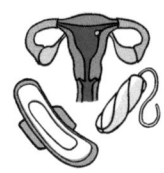

Menstruatschoon

menstruacija

Scheed

vagina

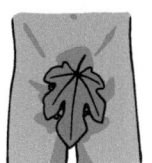

Pint

penis

Ogenbroe

obrva

Hoor

kosa

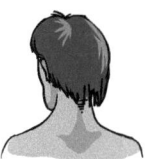

Hals

vrat

Krankenhuus
bolnica

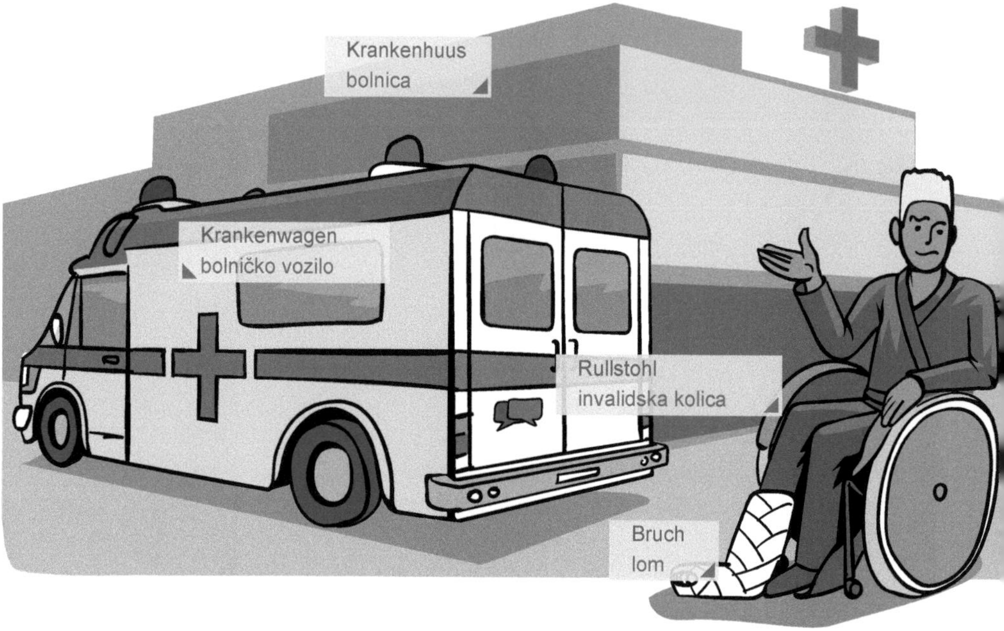

Krankenhuus
bolnica
Krankenwagen
bolničko vozilo
Rullstohl
invalidska kolica
Bruch
lom

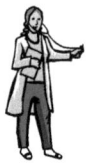

Dokter

liječnik

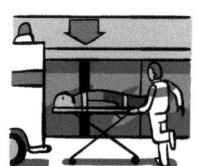

Nootopnahm

hitna medicinska služba

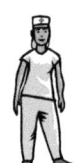

Krankensüster

medicinska sestra

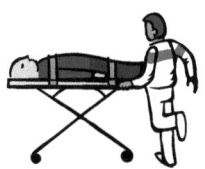

Nootfall

hitni slučaj

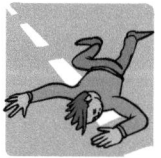

ahnmächtig

nesvijest

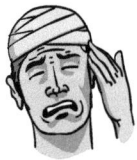

Wehdaag

bol

Verwunnen

ozljeda

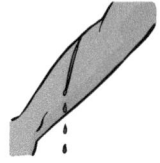

Blöden

krvarenje

Hartinfarkt

srćani infarkt

Slaganfall

moždani udar

Allergie

alergija

Hoosten

kašalj

Fever

groznica

Gripp

gripa

Dörchfall

proljev

Koppwehdaag

glavobolja

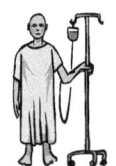

Kreeft

rak

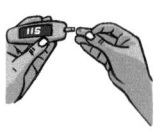

Zuckersüük

dijabetes

Chirurg

kirurg

Chirurgsch Mess

skalpel

Operatschoon

operacija

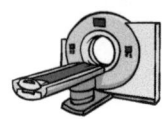

CT

ct

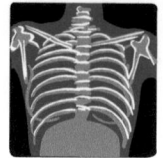

Dörchlüchten

rentgen

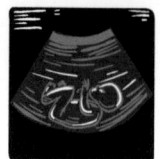

Ultraschall

ultrazvuk

Mask

maska

Krankheit

bolest

Töövruum

čekaonica

Krück

štaka

Plaaster

flaster

Verband

zavoj

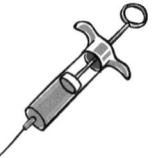

Insprütten

injekcija

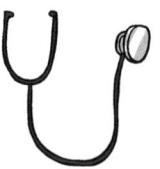

Stethoskop

stetoskop

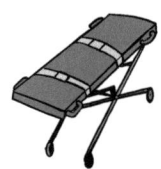

Draag

nosilo

Feverthermometer

termometar

Geboort

rođenje

Övergewicht

prekomjerna težina

Höörapparat

slušni aparat

Kiemfriemiddel

sredstvo za dezinfekciju

Ansteken

infekcija

Virus

virus

HIV / AIDS

hiv / sida

Heelmiddel

medicina

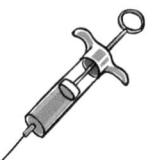

Impen

vakcinacija

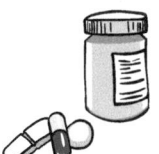

Tabletten

tablete

Pill

pilula

Nootroop

poziv u pomoć

Blootdruck-Meter

uređaj za mjerenje tlaka

krank / gesund

bolesno / zdravo

Hölp!

pomoć!

Alarm

alarm

Överfall

nasrtaj

Angreep

napad

Gefohr

opasnost

Nootutgang

izlaz za nuždu

Füer!

požar!

Füerlöscher

vatrogasni aparat

Unfall

nezgoda

Noothölpkoffer

kofer prve pomoći

SOS

sos

Polizei

policija

Europa

Europa

Noordamerika

sjeverna amerika

Süüdamerika

južna amerika

Afrika

Afrika

Asien

Azija

Australien

Australija

Atlantik

Atlantik

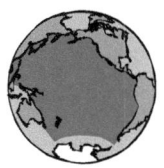

Pazifik

Pacifik

Indisch Weltmeer

ocean

Antarktisch Weltmeer

antarktički ocean

Arktisch Weltmeer

arktički ocean

Noordpol

sjeverni pol

Süüdpol

južni pol

Antarktis

Antarktik

Eerd

zemlja

Land

zemlja

See

more

Eiland

otok

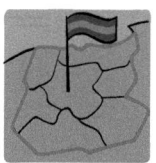

Natschoon

nacija

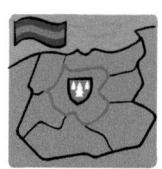

Staat

država

Eerd - zemlja

Tallenblatt

brojčanik sata

Stunnenwieser

satna kazaljka

Minutenwieser

minutna kazaljka

Sekunnenwieser

sekundna kazaljka

Wo laat is dat?

Koliko je sati?

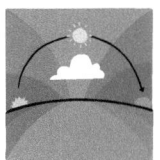

Dag

dan

Tiet

vrijeme

nu

sada

digetaalsch Klock

digitalni sat

Minuut

minuta

Stunn

sat

Week

tjedan

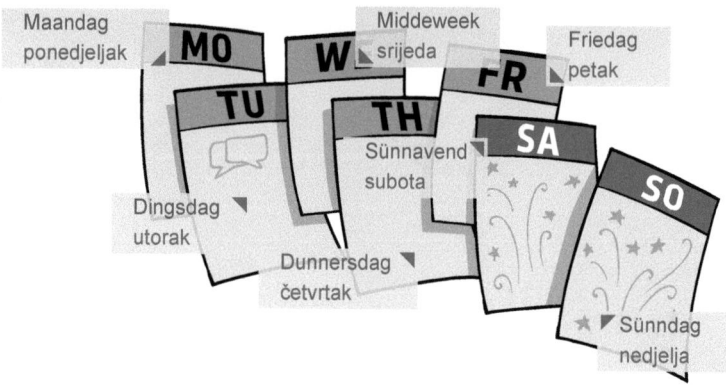

Maandag / ponedjeljak — MO
Middeweek / srijeda — W
Friedag / petak — FR
TU
TH
Dingsdag / utorak
Sünnavend / subota — SA
SO
Dunnersdag / četvrtak
Sünndag / nedjelja

güstern
....
jučer

hüüt
....
danas

morgen
....
sutra

Morgen
....
jutro

Meddag
....
podne

Avend
....
večer

Arbeitsdaag
....
radni dani

Wekenenn
....
vikend

Johr

godina

Regen
kiša
Regenbagen
duga
Wind
vjetar
Snee
snijeg
Fröhjohr
proljeće
Harvst
jesen
Sommer
ljeto
Winter
zima

4.APRIL 11°
5.APRIL 4°
6.APRIL 13°
7.APRIL 8°
8.APRIL 10°

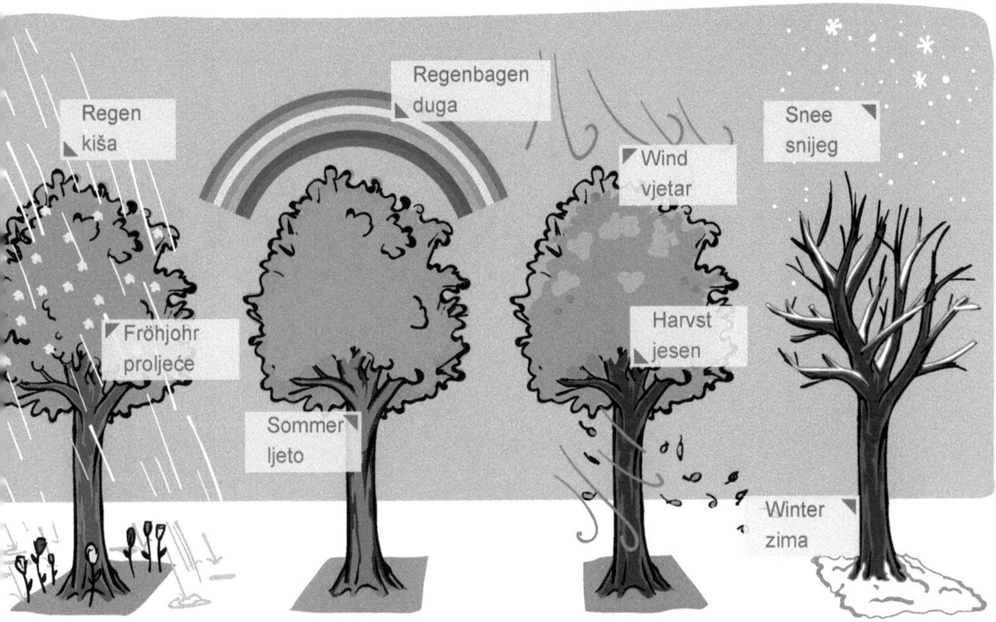

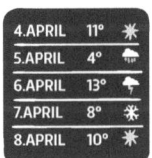

Wedervörhersaag

meteorološka prognoza

F C
120 40
90 30
60 20
30 10
0 0
-30 -10
-20

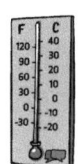

Thermometer

termometar

Sünnenschien

sunčana svjetlost

Wulk

oblak

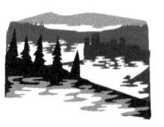

Nevel

magla

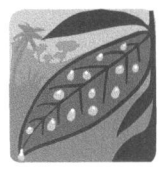

Luftfuchtigkeit

vlažnost zraka

Blitz

munja

Dunner

grmljavina

Storm

oluja

Hagel

tuča

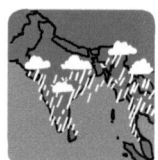

Monsun

monsun

Floot

poplava

les

led

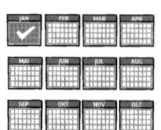

Januormaand

siječanj

Februormaand

veljača

Martmaand

ožujak

Aprilmaand

travanj

Maimaand

svibanj

Junimaand

lipanj

Julimaand

srpanj

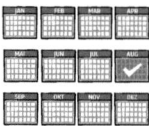

Augustmaand

kolovoz

Septembermaand
rujan

Oktobermaand
listopad

Novembermaand
studeni

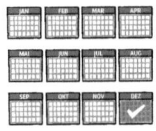

Dezembermaand
prosinac

Formen
oblici

Krink
krug

Quadrat
kvadrat

Rechteck
pravokutnik

Dreeeck
trokut

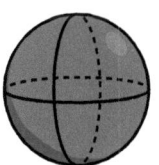

Kugel
kugla

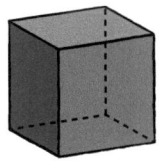

Wörpel
kocka

witt

bijela

geel

žuta

orangsch

narančasta

pink

ružičasta

root

crvena

lila

ljubičasta

blau

plava

gröön

zelena

bruun

smeđa

gries

siva

swart

crna

veel / wenig

mnogo / malo

böös / verdreeglich

ljutito / mirno

smuck / mies

lijepo / ružno

Begünn / Enn

početak / kraj

groot / lütt

veliko / maleno

hell / düüster

svijetlo / tamno

Broder / Süster

brat / sestra

schier / schietig

čisto / prljavo

kumpleet / nich kumpleet

potpuno / nepotpuno

Dag / Nacht

dan / noć

doot / lebennig

mrtvo / živo

breet / small

široko / usko

geneetbor / nich geneetbor

jestivo / nejestivo

böös / fründlich

zlo / dobro

fickerig / langwielt

uzbuđeno / dosadno

dick / dünn

debelo / mršavo

toeerst / toletzt

na početku / na kraju

Fründ / Fiend

prijatelj / neprijatelj

vull / leddig

puno / prazno

hart / week

tvrdo / mekano

swoor / licht

teško / lagano

Smacht / Döst

glad / žeđ

krank / gesund

bolesno / zdravo

nich na't Recht / na't Recht

ilegalno / legalno

klook / dummerhaftig

pametno / glupo

linkerhand / rechterhand

lijevo / desno

neeg / feern

blizu / daleko

Gegendelen - suprotnosti

nieg / bruukt

novo / rabljeno

nix / wat

ništa / nešto

oolt / jung

staro / mlado

an / ut

uključeno / isključeno

apen / slaten

otvoreno / zatvoreno

lies / luut

tiho / glasno

riek / arm

bogato / siromašno

richtig / verkehrt

točno / pogrešno

ruug / glatt

hrapavo / glatko

trurig / glücklich

tužno / sretno

kort / lang

kratko / dugo

suutje / flink

polako / brzo

natt / dröög

mokro / suho

warm / köhl

toplo / hladno

Krieg / Freden

rat / mir

0	**1**	**2**
null	een	twee
nula	jedan	dva

3	**4**	**5**
dree	veer	fief
tri	četiri	pet

6	**7**	**8**
söss	söven	acht
šest	sedam	osam

9	**10**	**11**
negen	teihn	ölven
devet	deset	jedanaest

12	**13**	**14**
twölf	dörteihn	veerteihn
dvanaest	trinaest	četrnaest
15	**16**	**17**
föffteihn	sössteihn	söventeihn
petnaest	šestnaest	sedamnaest
18	**19**	**20**
achtteihn	negenteihn	twintig
osamnaest	devetnaest	dvadeset
100	**1.000**	**1.000.000**
hunnert	dusend	million
stotinu	tisuću	milijun

Engelsch

engleski

Amerikaansch Engelsch

američko engleski

Chineesch Mandarin

kinesko mandarinski

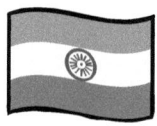

Hindi

hindi

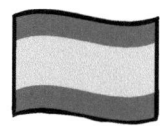

Spaansch

španjolski

Franzöösch

francuski

Araabsch

arapski

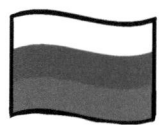

Rusch

ruski

Portugiesch

portugalski

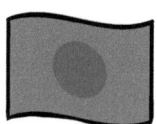

Bengaalsch

bengalski

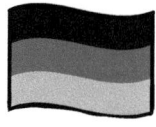

Düütsch

njemački

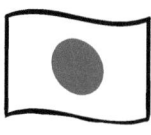

Japaansch

japanski

ik

ja

du

ti

he / se / dat

on / ona / ono

wi

mi

ji

vi

se

oni

keen?

tko?

wat?

što?

woans?

kako?

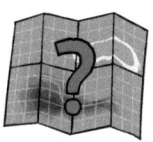

woneem?

gdje?

wannehr?

kada?

Naam

ime

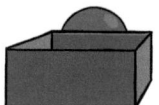

achter

iza

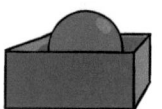

in

u

vör

ispred

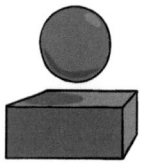

över

preko

op

na

ünner

ispod

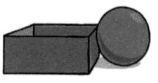

blangen

pored

twüschen

između

Oort

mjesto